Armin H. Bisson, geboren 1957 in Landau/Pfalz, hat eine meist unbewegte Vergangenheit.

Seine Neigung als Kaffeekampftrinker lebt er vor der Staffelei und am Schachbrett aus. Dort diskutiert er gerne und ausführlich mit sich selbst.

Aus diesem sprudelnden Quell blubberte ihm die Erkenntnis, dass sich der Mensch am liebsten mit sich und seinesgleichen beschäftigt. Seine Gedanken dazu hat er in Gedichte verpackt.

In der Hoffnung, dass sie dem Leser Helfer sein mögen, sich und seinen Mitmenschen fortan mit mehr Nachsicht zu begegnen.

GEDICHTE

VON

Armin H. Bisson

Bibliografische Information der Deutschen Nationalbibliothek:
Die Deutsche Nationalbibliothek verzeichnet diese Publikation
in der Deutschen Nationalbibliografie; detaillierte biblio-
grafische Daten sind im Internet über http://dnb.dnb.de
abrufbar.

Herstellung und Verlag
BoD – Books on Demand, Norderstedt

9 783750 412163

Vorwort

Liebe Leserin, lieber Leser!

Danke, dass Sie sich für mein Buch entschieden haben!

Es würde mich sehr freuen, wenn Ihnen meine Verse nicht nur Reflexion und Kurzweil, vielmehr auch Erkenntnis- und Herzens(be)-rührungen schenken würden.

Ihr Armin H. Bisson

Inhalt

GLEICH GÜLTIG

Der Mensch ist dem Menschen
oft gleichgültig,
selten gleich gültig.

AHNUNG

Der meiste Mensch schon glaubensfroh,
gibt sich gerne hoffnungsfroh.

Sofern ihn Zukunftsfragen zwicken,
möcht Mancher heut wie ehedem,
gern auf Nummer sicher gehen
und zwecks Linderung seiner Not,
durch ein Orakelteleskop,
voraus, in seine Nachwelt blicken.

Wird ihm ersehntes prophezeit,
erfüllt ihn dies mit Leichtigkeit
und solchermaßen eingenommen,
ist er dem Seher wohlgesonnen.

Tut der dem Menschen jedoch kund,
er kommt in Bälde auf den Hund,
durchzuckt den heiß die Offenbarung,
der Kerle hat doch keine Ahnung.

ARGUMENTE

Der Mensch meist vielfach talentiert,
sucht mittels Multikultistreben
nach aussichtsreichen Lebenswegen.

Ist er von welchen die er beäugt,
unverrückbar überzeugt,
und glaubt, an seinen Wegethesen,
soll und wird die Welt genesen,
knüpft Mancher kunstvoll und behände,
fangnetzartig Argumente,
und umwirbt mitselben theatralisch,
seinesgleichen missionarisch.

Führt sein Weg dann in die Irre,
wird manch Fan darüber kirre,
ein Anderer stürzt sich Endzeitmunter,
gar vom Lebensbaum herunter,
doch wie es um den Menschen steht,
geht der - jetzt erst recht - sein Weg,
und zeigt der Welt meist ohne Reue,
einmal mehr und doch auf´s Neue,
bis zu seinem krachend Ende,
Mensch hat für alles Argumente.

AUSSCHEIDUNGEN

Der Mensch an sich schon kampfestoll
findet Turniere wundervoll,
die über Ausscheidungen ermitteln,
wer sich als Sieger darf betiteln.

Und wog die Spannung dabei schwer,
genießt der Mensch es hinterher,
bei Tisch erlebtes durchzukauen
und in Gesellschaft zu verdauen.

Nur wenn die Seinen ausgeschieden,
verstopft dies seinen Seelenfrieden,
was ihn stresst und so verdrießt,
dass er kampfbereit beschließt,
seine Seele zu entschlacken,
mittel´s Rundumschlagverbalattacken,
und bewirft mit diesen unverdrossen,
seine lieben Tischgenossen.

Denen schwillt von seinem klagen,
erst der Kamm und dann der Magen,
ihr Wohlbefinden kehrt sich um,
drängt grummelnd auf Erleichterung,

14

weshalb sie Ihrerseits beschließen,
ungehemmt zurück zu miesen,
und den Menschen ach so kecken,
mit ihrem Unmut einzudecken.

Von demselben überrollt,
bekommt Mensch was er nicht gewollt
und spürt denn peinlich irritiert,
dass die Stimmung eskaliert.

Um größeren Schaden abzuwenden
denkt er krampfend mit den Händen,
schnappt nach Luft und ringt um Worte,
wünscht sich fort an ferne Orte,
beschließt um sein Gesicht zu wahren,
sich unverblümt zu offenbaren,
und murmelt Verständnis heischend leise,
„Ausscheidungen sind einfach Schei..benhonig".

BEGIERDE

Der Mensch ist ein Naturprodukt,
den ´s deliziös mitunter juckt,
speziell in jenen Lebensphasen,
wo Triebhormone den Körper durchrasen,
mit solch elementarer Wucht,
daß der Verstand das Weite sucht.

Meist ausgelöst wird dieser Trieb,
wenn ´s Äuglein Artgenossen sieht,
von dessen Anblick es verzückt,
dies Bild entflammt dem Großhirn schickt,
das solchermaßen stimuliert,
die Paarungshelfer aktiviert.

Und legen die erst richtig los,
durchfährt den Körper einen Stoß,
worüber der sich so erhitzt,
das Wasser aus den Händen schwitzt,
und auch der Rest hoch motiviert,
auf diesen Vorgang reagiert.

Nun ist der Einklang hergestellt,
von Wahrnehmungs- und Körperwelt,
was Mensch aus jener Fassung bringt,

um die er oft so mühsam ringt,
und vor Begierde wild entfacht,
sich richtig schön zum Affen macht.

Falls Dich die Triebeskeule trifft,
mein lieber Mensch verzage nicht,
bestätigst Du doch so die Welt,
die Darwin sich einst vorgestellt,
mit seiner Ahnentheorie,
ich denk, der Mann war ein Genie.

BEQUEM

Der Mensch von heut wie ehedem,
lebt vorzugsweise gern bequem.

Nur wenn man heut so Manchen sieht,
wie der sich um bequemes müht,
muß dieser dafür Wege gehen,
die oftmals äußerst unbequem.

CON FUOCO IN MOLL

Der Mensch
an sich schon sonderbar,
spielt gerne mit dem Feuer,
wohl weil ihm Beides innewohnt,
Gott und Ungeheuer.

CHARAKTER

Der Mensch dem Menschen
ungleich gleich,
ist überaus facettenreich,
und teilt bei allen Ungleichheiten,
furchtbar viel Gemeinsamkeiten.

Eine hat er besonders lieb,
den bekannten Spieletrieb.

Besonders beim Gesellschaftsspiel,
wo gewinnen mit sich bringt,
daß man in der Spieleschlacht,
Gegenspieler niedermacht,
zeigt Mancher gänzlich ungehemmt,
welch Charakter in ihm brennt.

Nur der Exot mag Spiele nicht,
wo man einander niedersticht,
er strebt nach Siegen die man erringt,
indem man nur sich selbst bezwingt.

DÄMLICH

Der Mensch, weltweit zu jeder Zeit,
liebt die Paarungsmöglichkeit.

Meist geht kulturspezifisch diesem Schmaus,
ein nimm mich Anpreisritual voraus,
wobei Regelfallartig triebstimuliert,
der Mann bei uns die Frau umwirbt.
Dabei fährt Mancher mit Esprit,
die Eindruck schinden Strategie.

Doch deckt sein Imponiergehabe,
sich nicht mit ihrer Sehnsuchtslage
und er wird zurückgewiesen,
beginnt dies Manchen zu verdrießen.
Einem Anderen, mehr vom Typ Mimose,
stürzt sein Ego in die Hose.
Ein Dritter wähnt sich mehr Gottähnlich,
der findet solche Damen dämlich.

ERFOLGE

Der meiste Mensch lebt ab und an,
seinen unstillbaren Geltungsdrang.

Hat er damit Erfolge verbucht,
verkommt Mancher in der Geltungssucht.

FLIEGEN

Der Mann an sich schon sonderbar,
ganz und gar ein Realist,
fliegt was Frauen anbetrifft,
mehr auf schön und schmächtig.

Die Frau an sich schon wunderbar,
die ganz und gar romantisch ist,
fliegt was Männer anbetrifft,
mehr auf reich und mächtig.

FÜRWAHR

Der Mensch an sich schon sonderbar,
glaubt, was er wahrnimmt,
ist auch wahr.
Erkenntnisreich so aufgestellt
begegnet er dem Rest der Welt.

Sobald er sich mit Anderen trifft
und über seine Wahrheit spricht,
fühlt er sich recht angenehm,
wenn diese jene auch so sehen.

Falls doch mal einer widerspricht,
denkt Mensch bei sich,
so geht das nicht,
und bemüht sich gleich mitnichten,
den Anderen geistig umzuschichten.

Bleibt der auf seinem Standpunkt stehen,
sieht Mensch den Anderen als Problem.
Falls dieser ihn gar noch belehrt,
das seine Wahrheit sei verkehrt,
zeigt sich Mensch fürwahr empört,
weil dieses seinen Glauben stört,

und da für Mensch dies unbequem,
fühlt er sich nicht angenehm,
weshalb er ohne hinzusehen
den Anderen mahnt, in sich zu gehen.

Gibt der dann immer noch nicht nach,
droht Mensch ihm brüsk mit Ungemach.
Kann der sich´s machtgefällig leisten,
sich auch so menschlich zu erdreisten
und hält an seiner Meinung fest,
hasst der Mensch ihn wie die Pest.

Kennst du das auch?

GENIEßEN

Der Mensch an sich liebt das Genießen,
drum geht er auch auf Freiersfüßen,
mit Späherblick und pudelwach,
prüft er mal mit mal ohne Not,
was es so gibt im Angebot.

Hält dieses vor worauf er steht,
ist er freudig aufgeregt,
und falls er zupackend beschaffen,
folgt rucki zucki zicke zacke,
seine erste Sturmattacke.

Kommt er darob gar zum Zug,
kriegt er erst mal nicht genug,
und badet, - ohne sich zu schonen -,
in einem Meer von Glückshormonen.

Nur kann er solche Flutgewalten,
meist nicht ganz bei sich behalten,
und kübelt davon immer wieder,
was seinem nächsten Umfeld über.

Aus diesem spricht so Mancher dann,
ja ja, „der Wahn ist kurz,
die Reue lang".

GERECHT

Der Mensch an sich schon sonderbar,
streitet gern mit Seinesgleichen,
meist führt er als Begründung an,
Gerechtes damit zu erreichen.

Und ist er auf dem hehren Pfad,
der Selbstgerechten losgestartet,
nimmt er oft billigend in Kauf,
das auf dem Weg zu seinem Recht

in Unrecht er entartet.

GLÜCKLICH

Der Mensch an sich, ob groß ob klein,
mag meistens gerne glücklich sein,
doch fragt man ihn, wie er´s erstrebt,
ein ratlos „hm" im Raume steht.

Dabei studiert er wißbegierig,
für das Leben das oft schwierig,
viele Jahre pudelmunter,
Schulbuchwissen rauf und runter,
und inhaliert erprobte Wege
durch des Lebens Wildgehege.
Nur jene die zum Glücke führen,
sind im Lehrbetrieb nicht aufzuspüren.

Warum eigentlich?

H ABEN

Der Mensch natürlich programmiert,
daß er bedarfsgerecht kapiert,
was mit und um ihn so passiert,
sucht mitunter zu erraten,
was Andere von ihm erwarten,
um sein handeln als auch denken,
Beziehungsfördernd auszulenken.

Manch Einer, habengierig bis zum Grabe,
wandelt lieber auf dem Pfade,
der Anderen handeln als auch denken,
zu seinem Vorteil auszulenken.
.

Stolpert er auf seinem Weg,
zu irdisch Macht und Würden,
über gut getarnte Hürden,
weil ein Bestimmer reflektiert,
- der Kerl hat mich manipuliert
und eselsmäßig vorgeführt -,
beginnt sein Handeln als auch denken,
ihn habenmäßig auszulenken.

HANDELSWARE

Der Mensch sekündlich stets im Wandel,
dreht sich um den Fixpunkt Handel,
und agiert, - selbst ungefragt -,
noch auf seiner letzten Bahre,
indirekt als Handelsware.

HAUPTGEWINN

Der meiste Mensch strebt mit Genuß,
nach irgendeinem Habitus.

So kann er seinesgleichen zeigen,
schaut her ich bin wohltuend eigen,
und im Gesellschaftswohlfahrtssinn,
ein Mensch der Tat – ein Zugewinn -.

Solch Beispiel animiert manch kecken,
sich dafür weit mehr zu strecken,
sieht er sich – unersetzbar ohnehin -,
als den wahren Hauptgewinn.

So mutiert die Schar der Habitärer,
in dem Maße ihrer Mehrer,
auf dem Berg der Endorphine,
zu einer Konkurrenzlawine.

Und bricht dieselbe donnernd los,
gehen Hauptgewinnler pudelmunter,
in der Masse einfach unter.

JAEGER

Die Frau an sich ein kesser Feger,
liebt am Manne meist den Jäger.

Durchstreift mal einer ihr Revier,
dessen Anblick sie verzückt,
und sie ist noch unbeglückt,
beschließt sie träumerisch entrückt,
- diesen Waidmann fang ich mir -,
und beginnt sogleich verwegen,
Lockstofffährten auszulegen.

Die Meiste legt sie sehr subtil,
mit Bedacht und viel Gefühl,
denn ungeachtet ihrem schmachten,
ist ihr wichtig zu beachten,
die Spuren so fein zu dosieren,
dass der Kerle bloß nicht denkt,
sie bietet sich ihm zum Geschenk,
- weil ja schon der Volksmund lehrt,
ist was nichts kostet auch nichts wert -.

Sind ihm die Spuren noch zu fein,
steigt er folglich nicht drauf ein,

schon hat derselbe jagdentschlossen,
seinen ersten Bock geschossen.

Ist sie dennoch ihm gewogen,
werden neue Fährten aufgezogen,
die, man kann es schon erahnen,
breiter sind als Autobahnen.

Stürzt der Kerl sich endlich drauf,
nimmt der Paartanz seinen Lauf,
und mancher fragt sich vielleicht später,
wer war Beute, wer war Jäger.

KOPFSALAT

Der Mensch an sich ein Unikat,
schwelgt meist in seinem Kopfsalat,
und weil ihn die Gesellschaft lehrt,
- wer viel hat ist auch viel Wert -,
ist der Meiste so gebraut,
daß es ihm vor Armut graut,
weshalb er immer mehr anstrebt,
das ihm gehört und so erhöht.

Nur bei der Rohkost deideldum,
kehrt sich sein Haben wollen um,
in spendable Menschlichkeit,
sobald er bei Gelegenheit,
sein Kopfsalat mit Andern teilt.

LICHTER

Der Mensch an sich gibt gern den Richter,
über große kleine Lichter,
nur bei sich tut er´s meist nicht,
wozu auch,
sieht er sich doch als hellstes Licht.

48

LUST

Der Mensch an sich Geschichtsbewußt,
bedient sich ihrer oft mit Lust,
und huldigt über allen Klee,
Herrschern die schon längst passe.

Besonders jene Potentaten,
die dank ihrer – Ruhmestaten -,
bis zum Hals im Blute staken,
findet der Meiste ganz famos,
und nennt sie deshalb gerne groß.

Zu deren Nachruhm ohne Ende,
errichtet er auch Monumente,
um Jedermann zu offenbaren,
wozu die Kerle fähig waren.

Und wie uns die Geschichte lehrt,
bleibt nie solch Kunde unerhört,
weil ab und an so Mancher denkt,
- das kann ich auch, nur noch viel besser -,
schon wetzt derselbe seine Messer.

Sonst berühmte Glanzeslichter,
wie Pazifisten oder Dichter,
berühren den Meisten nicht so sehr,
weil deren Taten, wenn auch inhaltsschwer,
gräuelmäßig inhaltsleer.

MORALIST

Der Mensch an sich meist Moralist,
sagt Anderen stets, was richtig ist,

doch wer da denkt,
der macht das gern,
steht dessen Weltbild
gänzlich fern,

denn selbstlos wie der nun mal ist,
sieht er sich mehr als Altruist,

der sich zu Recht,
mit aller Kraft,
der Anderen Wohl
zu Eigen macht.

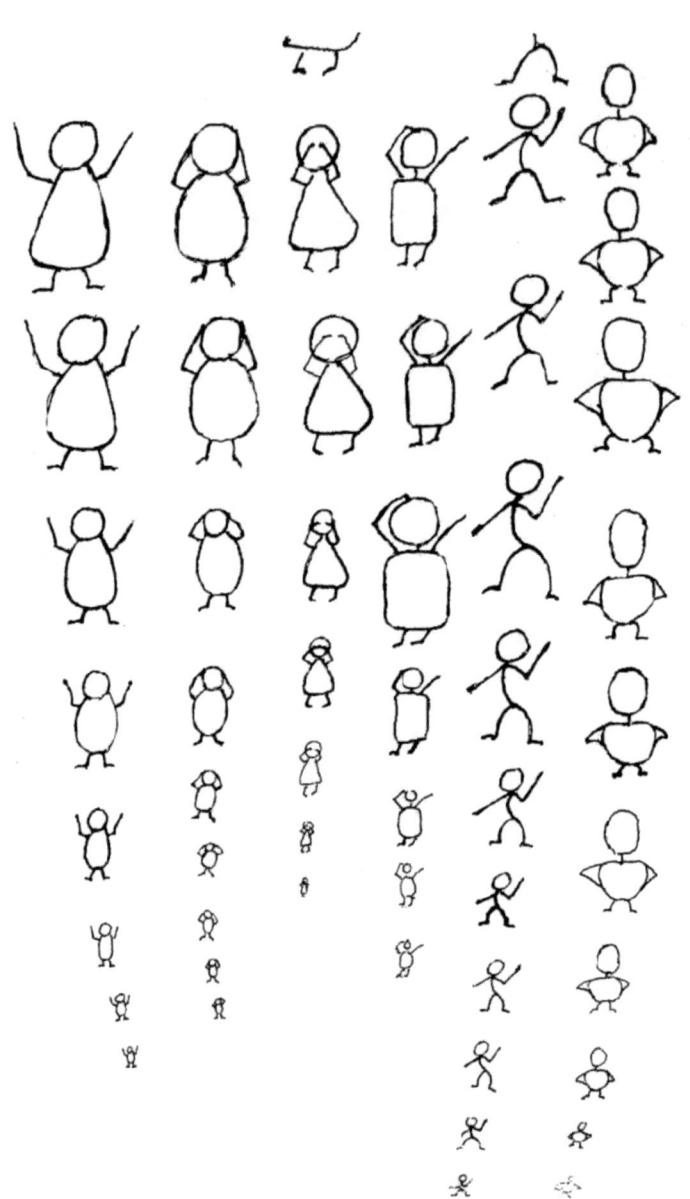

OHNEDEM

Der Mensch,
vom ersten bis zum letzten Schnaufer,
ist vor allem ein Verbraucher.

Um seine Ziele zu erreichen,
verschleißt er sich und Seinesgleichen.

Nur biologisch aus gesehen,
verbraucht er sich auch ohnedem.

REGEL

Der Mensch an sich meist ohne Mumm,
hält Andere oft gern für dumm,
und übersieht meist das Problem,
daß Andere ihn auch so sehen,
was bei so Manchem dazu führt,
daß das Leben ihn frustriert.

SCHEINT

Der Mensch ist lieber groß als klein,
denn groß verspricht auch stark zu sein,
und will er was für sich bewegen
ist solches Merkmal meist vonnöten.

Denn was immer er erstrebt
ist oft vergeben, schon belegt,
und auf freies mit Potenz,
stürzt sich auch die Konkurrenz.

Drum strebt so Mancher, wenn er kann,
wo immer möglich Wachstum an,
und achtet kaum noch dem gemeinen,
unscheinbaren winzig kleinen.

Doch kann dasselbe allenthalben,
sich daselbst brachial entfalten,
wie manch Moskito das Pferde sticht,
worüber manches zusammenbricht.

Falls dich der Menschen Härte trifft,
mein lieber Mensch verzage nicht,
dann was Mensch, Pferd und Moskito eint,
nicht alles hält, wofür es scheint.

T O N

Der Mensch an sich,
sind wir mal ehrlich,
lebt sprachlich manchmal
recht gefährlich.

Vergreift er sich
auch nur im Ton,
war's das
für so Manchen schon.

UNGEMACH

Der meiste Mensch ein Egoist,
schaut skeptisch auf den Altruist,
doch dem Narzissten läuft er nach,
und erntet meist nur Ungemach.

URLAUBSLUSTIG

Der Mensch an sich meist Arbeitsfrustig,
ist viel lieber Urlaubslustig.
Freudig reist er gern und weit,
voll aufgeregter Heiterkeit.

Doch meist nach ein paar Urlaubstagen
beginnt das große Luxusklagen,
"das Essen schlecht, das Schlafen schwierig,
die Sprache fremd, die Leute gierig".

Solchermaßen Urlaubsfrustig,
wird er wieder Arbeitslustig.

VERDIENT

Der Mensch an sich wie ´s halt so ist,
baut auch schon mal grandiosen Mist,
gereicht ihm dieser gar zum Schaden,
will Mancher selben nicht ausbaden,
prompt stöbert er nach Lösungspfaden,
die Schuld auf jemand abzuladen,
der möglichst, weil´s dann leichter geht,
pyramidisch tiefer steht.

Hat er ein Schuldenträger ausgemacht,
sucht er mit wildem Flügelrauschen
sich vor diesem aufzubauschen,
und mit Drohgebärden rüde nüchtern,
siegessicher einzuschüchtern.

Doch setzt derselbe sich zur Wehr,
staunt Mensch, „oha der stellt sich quer,
jetzt wird das Würstchen renitent,
dem zeig ich wo der Hammer hängt",
spreizt noch weiter sein Gefieder,
und macht den Kerle deftig nieder.

Kommt er auch damit nicht zum Sieg,
zürnt Mensch, „oha der Zwerg will Krieg",
forsch steigert er sein Engagement,

um diesem Möchtegern dem dreisten,
an seinen Platz zurückzuweisen.

Zeigt in dem hässlichen Getümmel,
der sich als zäher Straßenlümmel,
und bekommt gar Oberwasser,
ahnt Mensch im Gruselnervgewimmel,
- oha, böse Mächte stehen am Himmel -,
und klagt vergrämt in seine Ohren,
„die ganze Welt hat sich verschworen,
mir zu verweigern was mir geziemt,
Einen wie mich, hat die gar nicht verdient."

VERKEHRT

Der Mensch multipel strukturiert,
ist überaus Verkehrsfixiert.
Dabei hat er den größten Fun,
wenn er mit anderen verkehren kann.

Dennoch will der Meiste
sein Verkehrsverhalten,
seinem Gusto nach entfalten,
und bevorzugt daher mehr
den Individualverkehr.

Und erfährt er im Verkehrsgewühle,
sagenhafte Glücksgefühle,
glaubt Mancher von sich höchst betört,
- tja, wer mit mir verkehrt,
verkehrt nie verkehrt - !

WAHLZEHN

Der Mensch an sich meist wählerisch, hat gern die Qual der Wahl, nur wenn er wählen gehen darf, ist ihm die Wahl meist ganz egal.

Der Mensch aus sich sehr wählerisch, liebt die Qual der Wahl, nur wenn er wählen gehen muss, ist ihm dieselbe Scheißegal.

Der Mensch von Haus aus wählerisch, liebt die Qual der Wahl, nur wenn er wählen gehen soll, ist ihm dieselbe Scheißegal.

Der Mensch an sich oft wählerisch, hat gern die Qual der Wahl, nur wenn er wählen gehen darf, ist ihm dieselbe meist egal.

Der Mensch für sich sehr wählerisch, hat gern die Qual der Wahl, nur wenn er wählen gehen darf, ist ihm dieselbe meist egal.

Der Mensch oft seltsam wählerisch, liebt die Qual der Wahl, nur wenn er wählen gehen soll, ist ihm dieselbe meist egal.

Der Mensch befremdlich wählerisch, liebt meist die Qual der Wahl, nur wenn er wählen gehen kann, ist ihm dieselbe meist egal.

Der Mensch an sich nicht wählerisch, hasst die Qual der Wahl, und wenn er wählen gehen soll, findet er ´s brutal.

Der Mensch zumeist sehr wählerisch, hat am liebsten die Qual der Wahl, nur wenn er zur Wahl gerufen wird, ist ihm dieselbe eine Qual.

Der Mensch bewusst gern wählerisch, braucht die Qual der Wahl, nur wenn er wählen gehen darf, wird ihm die Wahl zur Qual.

WEIDEN

Der meiste Mensch zieht biederbrav
durch ´s Leben wie ein Kuschelschaaf.
Folgsam, praktisch und bescheiden,
begrast er zugteilte Weiden.

Manch Nörgler chronisch unzufrieden,
blökt sein Ärger gern herum,
doch kommt ein Schäfer nur in Sicht,
duckt er sich und wird ganz stumm.

Der Opportunist von anderer Größe
gibt sich keine solche Blöße,
der rühmt sein Schäfer als Visionierer
und preist sich an als Unterführer.

Nur den Exoten schert es nicht,
was Herde oder Schäfer spricht,
der sucht und kümmert sich beizeiten,
mit aller Kraft um eigene Weiden.

WICHTIG

Der meiste Mensch denkt bei sich - richtig -,
was bin ich heute wieder wichtig,
und wirft sich voller Handlungdrang,
auf das was er verrichten kann.

Dabei lebt Mancher in dem Schein,
er navigiert sein Kurs allein,
doch wie immer er sich auch befeuert,
agiert er meist nur fremdgesteuert.

WIE SCHADE

Der Mensch an sich schon sonderbar,
lebt gerne Maskerade,
wird er darin mal überführt,
denkt er peinlich meist berührt,
oh Jesses ne, wie schade.

Bisherige Publikationen im Selbstverlag:

2003 · LYRREALISMUS

Lyrischer Bildband
Softcover/Paperback
54 Seiten, Format DIN A4
12 Texte nebst 12 Abbildungen
ISBN 978-3-00-029402-0

2013 · GEDICHTE

20 Texte nebst 3 Illustrationen
Softcover/Paperback
50 Seiten, Format 15 x 20,5 cm
ISBN 978-3-00-040712-3

2014 · GEDICHTE BAND II

21 Texte nebst 3 Illustrationen.
Softcover/Paperback
52 Seiten, Format 15 x 20,5 cm
ISBN 978-3-00-0044766-2

2014 ▪ ebook - buntes LEBEN

28 Texte nebst 4 Illustrationen
55 Seiten - Dateigröße 505 KB
ISBN 978-3-00-046568-0

Weitere Informationen über den Autor und sein
Werk unter www.lyrrealismus.de

LYRREALISMUS

Armin H. Bisson

Armin H. Bisson

Gedichte

Mensch Liebe Gesellschaft Engel

Armin H. Bisson

Gedichte

Mensch Liebe Gesellschaft Engel

BAND II